M. GAMOT

EXTRAIT

DE

l'Annuaire statistique et Administratif du Pas-de-Calais,

ANNÉE 1865,

Par M. PARENTY, Conseiller de Préfecture.

Le samedi 28 août 1864, à onze heures du matin, ont été célébrées, dans la Cathédrale d'Arras, les funérailles de M. Gamot, ancien avocat, ancien juge au tribunal civil d'Arras, juge honoraire au même tribunal, membre de la commission administrative des hospices de cette ville, chevalier de la Légion-d'Honneur. Les quatre coins du poêle étaient tenus par M. Boutry, juge; M. Leducq, bâtonnier de l'ordre des avocats : M. Wartelle de Retz, membre du Conseil municipal et de la Commission des hospices, et M. Roguin, payeur, membre du Conseil municipal; ces deux derniers chevaliers de la Légion-d'Honneur.

Le deuil était porté par les deux gendres du défunt; M. Trannoy, docteur en médecine, et M. Trannoy, avocat, accompagnés : l'un, par M. Gardin, président du tribunal civil; l'autre, par M. le marquis d'Havrincourt, député, chambellan de l'Empereur, ami de M. Gamot.

Les administrations départementale et municipale étaient représentées à cette cérémonie par leurs membres les plus élevés ; le Conseil général, alors en session, avait retardé l'ouverture de sa séance, pour que ses membres pussent y assister. Le tribunal de première instance, le tribunal de commerce en robe, l'ordre des avocats, la compagnie des avoués, celle des huissiers, les professeurs du collége et de l'école de médecine, un grand nombre de chefs de service et d'employés d'administrations auxquelles avait appartenu M. Gamot, suivaient le cercueil. On remarquait, dans cette nombreuse assistance, le personnel de la maison des vieillards et de l'orphelinat de M. Halluin. Le piquet d'honneur avait été fourni par le 84ᵉ de ligne.

Au cimetière, M. Boutry, juge, et M. Leducq, bâtonnier de l'ordre des avocats, ont trouvé de bonnes paroles pour retracer les services de l'honorable défunt, soit comme magistrat et comme membre de diverses administrations publiques, soit comme avocat. Nous essaierons nous-même de rappeler les principaux actes de cette vie si utilement remplie.

M. Gamot, issu d'une famille honorable, est né en 1787, à Bapaume (Pas-de-Calais) ; il fit, comme élève externe, ses études au Lycée de Douai. Il y obtint des premiers prix, prémices d'une vie qui devait être utile à la société

Suivant sa modeste vocation, il se livra avec ardeur

à l'étude du droit ; reçu licencié par la faculté de Paris, avec une distinction méritée, il se fixa, en 1812, comme avocat, à Arras, chef-lieu du département.

Ses fortes études, ses travaux consciencieux, ses succès au barreau, son désintéressement, lui acquirent la plus honorable clientèle, l'estime de ses confrères, les sympathies de la magistrature et de toutes les classes de la société.

Un siége de juge au tribunal d'Arras devint la douce récompense de sa laborieuse carrière comme avocat pendant plus de trente années. Là se bornait toute son ambition.

L'inexorable décret du 1er mars 1852, fixant une limite d'âge pour la magistrature, atteignit M. Gamot en 1858.

Un décret du 20 janvier le mit à la retraite en lui conférant le titre de juge honoraire.

M. le procureur impérial Pagard, dans une séance publique du tribunal d'Arras, se rendant l'organe du tribunal, a noblement exprimé ses regrets, dans des termes qui feront apprécier les services de l'ancien magistrat que le tribunal perdait.

« L'honorable M. Gamot, a-t-il dit, cesse ses fonctions actives dans la plénitude de sa vive intelligence et encore rempli de santé et de forces. Nous perdons en lui non-seulement un collègue d'un commerce facile et aimable ; mais aussi un jurisconsulte distingué dont nous regretterons souvent la science et la haute expérience.

» Au moment où il descend de ce siége qu'il

occupait si bien, permettez-moi de rappeler en quelques mots les titres de **M.** Gamot à notre affection et à l'estime de ses concitoyens.

» M. Gamot a longtemps appartenu au barreau ; il a été pendant de longues années membre du Conseil et souvent bâtonnier de l'ordre des avocats ; il a fait à divers titres partie de la magistrature pendant trente-deux ans, d'abord comme juge-suppléant du juge-de-paix, plus tard comme juge-suppléant au tribunal. Enfin, depuis seize années, il siégeait parmi nous comme juge titulaire ; il eut l'honneur de remplir les fonctions de la présidence dans des moments difficiles ; c'est dans ces dernières années surtout que nous avons pu personnellement l'apprécier.

» L'office du juge réclame des vertus particulières. Il ne suffit pas d'y apporter un cœur droit, une vie honnête et pure, la volonté d'être juste et impartial et le désintéressement ; il faut y joindre encore d'autres qualités : l'indulgence, la bonté du cœur, l'amour de l'étude et de la science, l'aménité du caractère, la fermeté et le courage civil. »

Après avoir défini chacune de ces qualités, M. Pagard a ajouté :

« Qu'ai-je fait, Messieurs, en rappelant les vertus du juge ? Je viens de retracer un portrait que vous avez tous reconnu, celui de notre cher collègue M. Gamot, et je n'ai pas songé que j'allais blesser sa modestie ; j'ai oublié un moment qu'il est encore parmi nous, que **M.** le garde-des-sceaux n'a pas voulu nous l'enlever, et qu'il lui a conféré le titre de juge honoraire. Je m'arrête, car nous espérons revoir souvent encore dans nos réunions, à nos assemblées générales, cet honorable et regretté confrère qui restera parmi nous un ami et un modèle. Si nous le perdons d'ailleurs, d'autres profiteront de ses loisirs ; il pourra consacrer une plus grande partie de son temps et de ses forces à ces œuvres de bienfaisance auxquelles il s'est voué depuis tant d'années. »

Cette finale est une allusion à des services gratuits et éminents dont la ville d'Arras conservera le souvenir.

Le *Courrier du Pas-de-Calais*, à la date du 23. janvier 1858, exprimait dans les termes suivants les regrets de cette ville :

« Après avoir exercé pendant trente années avec talent et honneur la profession d'avocat au barreau d'Arras, qui l'a élu souvent bâtonnier de l'ordre, M. Gamot a consacré au tribunal de cette ville sa profonde érudition comme jurisconsulte et son expérience complète des affaires. Aussi, emporte-t-il en se retirant les regrets de tous.

» M. Gamot a d'ailleurs d'autres droits à la reconnaissance de la cité. Pendant un grand nombre d'années il a fait partie du conseil municipal.

Comme administrateur du Mont-de-Piété et des hospices, il se voue depuis trente ans aux intérêts des pauvres et des orphelins avec un zèle au-dessus de tout éloge.

» Espérons qu'il continuera cette honorable mission avec la sollicitude dont il a toujours fait preuve et qui lui a acquis déjà la plus précieuse récompense, l'estime des gens de bien. »

La politique de 1848, forcée de respecter l'inamovibilité du juge, avait éliminé M. Gamot de l'administration des hospices.

Mais bientôt, l'autorité départementale proposa d'office la réintégration d'un administrateur si dévoué à ses devoirs, et ses anciens collègues, répondant au vœu de M. le Préfet, disaient en présentant M. Gamot en tête du tableau :

« Nous l'avons fait d'autant plus volontiers que c'est une acquisition précieuse pour nos établissements charitables en même temps qu'un acte de réparation et de justice.

» M. Gamot est un jurisconsulte distingué, qui non-seulement, en sa qualité d'administrateur, étudiait avec zèle les affaires contentieuses comme conseil; mais encore les défendait avec désintéressement comme avocat. Il a mérité l'estime et la considération et s'est acquis des droits à la reconnaissance des pauvres par la chaleur avec laquelle il défendait leurs intérêts. »

L'âge n'avait pas refroidi le zèle de cet administrateur qui n'a cessé d'être chargé du soin si important
du contentieux de l'établissement, de la tutelle des
orphelins et des enfants trouvés et abandonnés.

Par ses travaux, d'heureuses transactions, de nou-
veaux succès devant les autorités judiciaire et administrative ont consolidé et accru le domaine des
hospices.

Par décret du mois de mai 1863, M. Gamot a été
nommé chevalier de l'ordre impérial de la Légion-
d'Honneur en récompense de ses longs et excellents
services pendant quarante années.

EXTRAIT

DU

Courrier du Pas-de-Calais du 28 Août 1864.

Au cimetière, au moment où la terre allait recouvrir pour jamais les dépouilles de celui qui laissera parmi nous de si profonds regrets, M. Boutry, juge, résuma l'existence de notre concitoyen. Nous reproduisons les paroles de l'orateur; mieux que nous ne pourrions le faire, elles retracent les titres du défunt à la reconnaissance de toute une ville.

M. Boutry s'est exprimé en ces termes :

« Messieurs,

» Quand Dieu rappelle à lui un de ces hommes dont l'existence a été noblement et utilement remplie, constater sur sa tombe les services qu'il a rendus, c'est à la fois accomplir un devoir envers celui qui nous quitte et offrir de beaux exemples à ceux qui lui survivent.

» Gamot a été l'un de ces hommes, et la ville d'Arras le compte parmi ses citoyens les plus utiles.

» Né à Bapaume d'une famille honorable, et après avoir fait au lycée de Douai et à l'école de droit de Paris de brillantes et fortes études, il est venu se fixer comme avocat à Arras en 1812. Il y arrivait à une époque où les études juridiques s'étaient nécessairement ressenties de nos commotions politiques, où le droit ancien et le droit intermédiaire recevaient de fréquentes et difficiles applications, et où notre droit nouveau n'avait pas encore été éclairé par les travaux si abondants et si précieux aujourd'hui de la doctrine et de la jurisprudence. Mais le jeune avocat était bien préparé pour affronter toutes ces difficultés. Déjà riche d'un savoir juridique qu'il a constamment entretenu et développé, doué d'un jugement sûr et pénétrant, ayant pour l'étude, la préparation et la conduite des affaires litigieuses une aptitude vraiment remarquable, il apportait dans sa noble profession toute la vivacité de son intelligence et de son cœur, et toute son ardeur au travail. Aussi, Messieurs, se créa-t-il bientôt au barreau d'Arras une place d'élite; ses confrères le choisirent souvent comme bâtonnier de l'ordre : il trouva parmi les avocats près la juridiction supérieure, des collaborateurs qui avaient pour son talent et pour son caractère autant d'estime que d'affection. Plusieurs d'entre eux, et des plus éminents, étaient et sont restés ses fidèles amis... S'il n'avait été empêché par un devoir impérieux et imprévu, vous verriez près de sa tombe l'avocat que son seul mérite a élevé à la plus haute fonction de la magistrature du ressort, et qui voulait, par cette démarche, donner à Gamot le dernier témoignage d'une amitié qui ne s'est jamais ni démentie, ni refroidie !

» Cette amitié, Gamot l'a presque toujours inspirée à ses clients si haut placés qu'ils fussent ; beaucoup d'entre eux confirment ici, par leur présence et par leur émotion, la vérité de mes paroles. C'est qu'aux qualités de l'avocat il joignait la chaleur et la droiture du cœur qui font les véritables amis.

» Après trente années de luttes oratoires qui avaient fatigué et peut-être compromis sa santé, Gamot fut appelé, en 1842, à siéger au tribunal, dont il avait si longtemps éclairé et facilité les décisions, et la plupart d'entre vous savent combien son concours y fut précieux. Je n'oublierai jamais, pour mon compte, quelle clarté et quelle précision il apportait dans nos délibérations les plus délicates et les plus compliquées... Notre digne procureur impérial a mieux apprécié que je ne saurais le faire le mérite de notre regretté collègue, quand l'inflexible loi sur la retraite l'a enlevé à ses fonctions actives en lui conférant le titre de juge honoraire.

» Ne croyez pas, Messieurs, que cette retraite ait été pour Gamot le signal d'un repos absolu ; il continua, et il n'a jamais cessé jusque dans ses derniers jours, de se livrer à son étude favorite. — Le droit était sa passion et son bonheur, et il recherchait avidement les occasions de s'en occuper.

» Ces occasions, il les trouvait souvent dans les nombreuses fonctions gratuites et bienfaisantes qui

lui ont été confiées : au conseil municipal, dans l'administration du collége, dans le conseil académique
et dans le conseil départemental qui lui a succédé,
dans l'administration du Mont-de-Piété.... On le
voyait partout appliquer avec un dévoûment qui ne
se lassait pas, une raison aussi droite qu'éclairée,
et une bienveillance qui n'avait de limites que celles
de la justice.

» De toutes ces fonctions, celles qu'il aimait le
plus parce qu'il y faisait le plus de bien et aux plus
malheureux, c'étaient celles d'administrateur des
hospices. Occupé plus spécialement du contentieux
et de la tutelle des orphelins, il a su par d'heureuses
transactions, par des succès laborieusement obtenus
devant les autorités judiciaires et administratives
consolider et accroître le domaine des hospices.

» Éliminé de cette administration par la tour-
mente de 1848, il y rentrait bientôt après sur la
demande de ses collègues, qui réclamaient son re-
tour *comme éminemment utile pour nos établissements charitables, et comme un acte de réparation
et de justice.*

» C'est là surtout que son cœur éprouvait les
plus douces et les plus vives satisfactions. Aussi,
l'ai-je souvent entendu déclarer que ces fonctions
d'administrateur lui étaient les plus chères et qu'il
n'avait pas hésité à leur sacrifier toutes les autres.

» Avec un pareil cœur, vous comprendrez, Messieurs, et beaucoup d'entre vous savent ce qu'était
Gamot pour sa famille, et dans quel deuil la plonge

la perte de son chef aussi vénéré que bien-aimé!

» Sa seule consolation, comme la nôtre, doit être dans la pensée que cette longue et belle existence a été complètement remplie. Elle n'a point été exempte de ces amertumes qui se trouvent souvent dans la vie des hommes les plus vertueux, mais elles ont toujours été non-seulement adoucies, mais effacées par le respect et la reconnaissance publics, que notre grand Souverain a dignement satisfaits en conférant à Gamot la distinction dont les insignes sont sur cette tombe, et surtout, Messieurs, par cette conscience ferme et pure qui est chez l'homme de bien une évidente émanation de la Justice divine!

» Et maintenant, puisque la famille de notre ami m'a confié le pénible honneur de lui adresser nos derniers adieux, permettez-moi, Messieurs, de remercier ici Dieu de m'avoir fait jouir pendant près de vingt-quatre ans d'une amitié qui a été l'un des bonheurs de ma vie, et d'être l'écho des cœurs si nombreux et si attristés qui se pressent autour de sa tombe, pour lui dire :

» Adieu, Gamot! emporte nos regrets et reçois dans le ciel la récompense de tout le bien que tu as fait au milieu de nous. »

M. Leducq, bâtonnier de l'ordre de avocats, s'est ensuite exprimé en ces termes :

« Messieurs,

» Organe du barreau d'Arras qui, naguère, déeernait à ma vieillesse les honneurs du bâtonnat, je viens, entouré de mes confrères, réunis près de cette tombe qui va se fermer, rendre les derniers devoirs à celui qui fit longtemps partie de notre barreau.

» Parmi les avocats que réunit dans ce champ des morts le sentiment de la confraternité, je suis à peu près le seul survivant de l'ancien barreau, auquel M. Gamot a appartenu. Le temps, dans son cours rapide, a fait de nombreux vides qu'il a successivement comblés.

» Une autre voix vient de vous dire la vie privée, la vie publique de notre ancien confrère, qui s'est honoré par un long exercice de diverses fonctions gratuites, utiles à ses concitoyens, dont il a mérité la reconnaissance.

» Je dois à la mémoire de M. Gamot de dire ce qu'il fut au barreau, de relever les titres qu'il s'est acquis dans l'exercice de notre profession.

» M. Gamot savait que, avant d'être orateur, l'avocat doit être jurisconsulte. Il savait que la science du droit est le prix d'un travail persévérant.

» Aussi aimait-il l'étude, et par l'étude est-il parvenu à prendre place au premier rang par l'étendue de son savoir.

» On lui rendait au barreau cette justice que indépendamment du droit nouveau, il possédait à fond le droit coutumier d'Artois, dont la connaissance nous était alors si nécessaire.

» Doué d'un rare bon sens, notre confrère voyait juste en affaire et se distinguait par l'excellence, par la maturité de ses conseils dans le cabinet. Ses clients trouvaient en lui un guide prudent et sûr. On aimait à le consulter. Ses confrères eux-mêmes allaient parfois puiser à sa science.

» Il apportait toujours à l'examen des affaires le soin patient qui en prépare le succès. Aussi entrait-il en lice armé de toutes pièces, pour l'attaque comme pour la défense. Plein de ressources, il portait souvent des coups imprévus et laissait son adversaire désarmé.

» Son esprit était droit, son jugement d'une rectitude remarquable. Sa parole était sobre, d'une simplicité correcte, d'une clarté qui captivait l'attention.

» Sa discussion serrée, substantielle et rapide, embarrassait souvent son adversaire et portait la conviction dans l'esprit de ses juges.

» M. Gamot a honoré le barreau d'Arras qui l'a plusieurs fois élu bâtonnier. Il y laisse des souvenirs durables.

» Pieusement rassemblés près de ses restes périssables, nous lui adressons le suprême adieu confraternel. »

Arras. Typ. et Lith. d'Alphonse BRISSY.

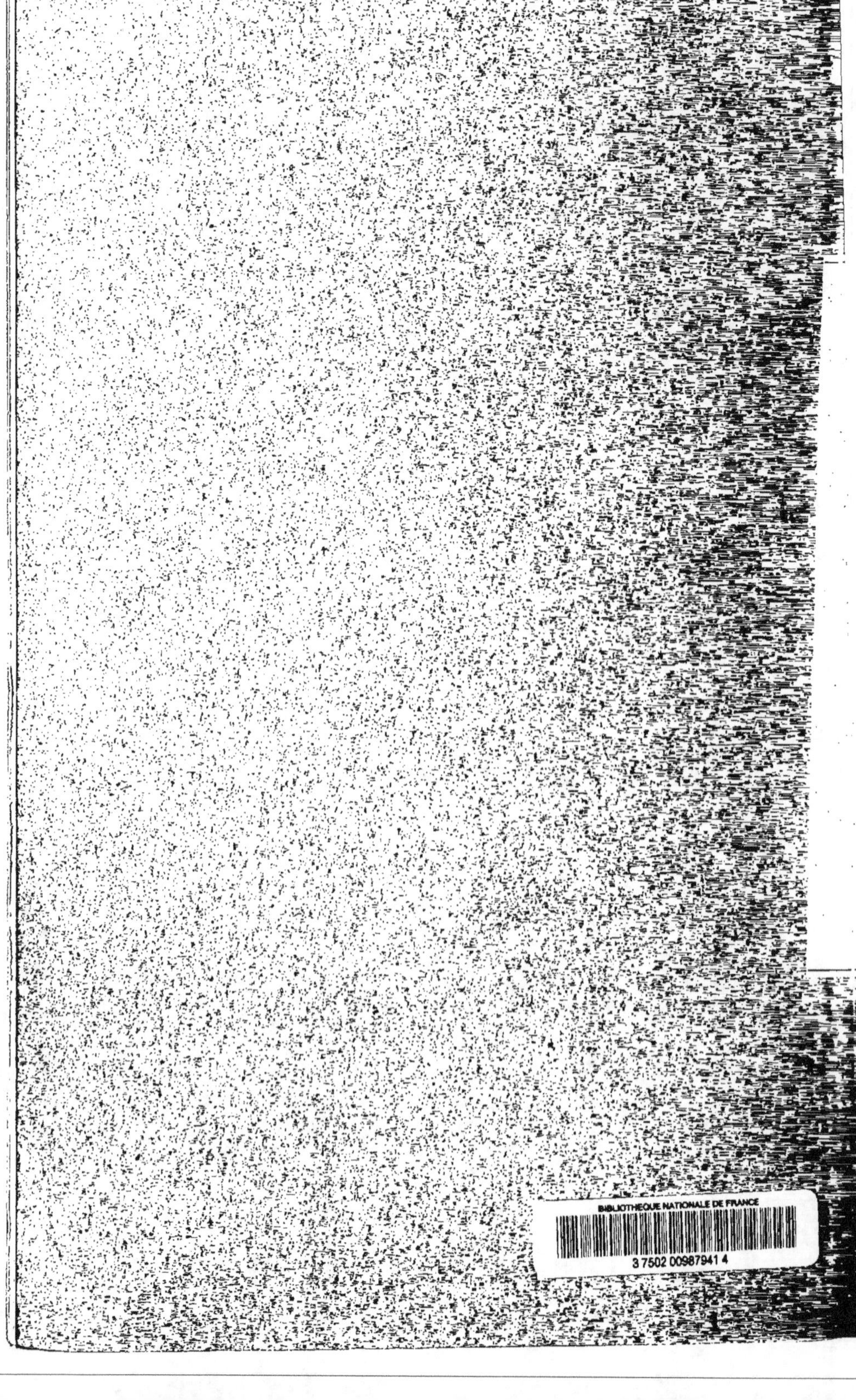